Martin Luther King Jr.

Wendy Conklin, M.A.

Créditos de publicación

Asesora de Historia
Shannon C. McCutchen

Editora
Torrey Maloof

Directora editorial
Emily R. Smith, M.A.Ed.

Editora en jefe
Sharon Coan, M.S.Ed.

Directora creativa
Lee Aucoin

Director de ilustración
Timothy J. Bradley

Editora comercial
Rachelle Cracchiolo, M.S.Ed.

Teacher Created Materials

5301 Oceanus Drive
Huntington Beach, CA 92649-1030
http://www.tcmpub.com
ISBN 978-1-4938-1668-2
© 2016 Teacher Created Materials, Inc.

Índice

El soñador

Si alguna vez hubo un soñador, ese fue Martin Luther King Jr. Cuando tan solo era un niño, le dijo a su madre que iba a cambiar las cosas en este mundo. No se puede negar que este primer sueño se hizo realidad. A esa edad, no tenía idea de que lucharía en la segunda guerra civil de su nación. Es cierto que King tenía muchos sueños más, pero había uno que se destacaba del resto. Dijo: "Sueño que mis cuatro hijos vivan un día en un país en el cual no sean juzgados por el color de la piel, sino por el valor de su carácter".

Este teatro tenía dos entradas, una para personas blancas y otra para afroamericanos. Los afroamericanos tenían que ingresar al piso de arriba a través de una puerta independiente.

King fue un orador muy talentoso. Sus palabras motivaron a personas en todo el país.

King creció durante tiempos muy difíciles en el Sur. El Sur tenía leyes que mantenían las razas separadas unas de otras. Los afroamericanos y los blancos no podían ir a los mismos restaurantes ni beber de las mismas fuentes. Este trato se llama **segregación**.

Las personas del Sur llamaban a estas leyes, las leyes Jim Crow. Esto aludía a un personaje del siglo XIX. En ese entonces, algunos actores blancos se pintaban la cara de negro. Luego, presentaban espectáculos de entretenimiento. Jim Crow fue un famoso personaje de estos espectáculos. Este personaje hacía que los afroamericanos parecieran ridículos.

Un famoso caso de tribunales

En 1892, un hombre llamado Homer Plessy quiso poner a prueba la Decimocuarta Enmienda. Esta enmienda dice que todos los hombres tienen igualdad de protección ante la ley. En otras palabras, todos los hombres deben ser tratados por igual.

Siete de ocho de los bisabuelos de Plessy eran blancos. Pero las leyes del Sur decían que porque Plessy tenía parientes afroamericanos, no era un hombre blanco. Cuando Plessy se sentó en la parte del tren para personas blancas, la policía lo arrestó.

El caso de Plessy fue a la Corte Suprema de Estados Unidos. La corte sentenció que mientras ambos, afroamericanos y blancos, tuvieran un lugar donde sentarse en los trenes, estaba bien que tuvieran que sentarse por separado. Esta doctrina se conoció como "separados pero iguales". Al final, el caso *Plessy contra Ferguson* hizo que las leyes Jim Crow fueran **legales**.

Booker T. Washington

Dos líderes

La comunidad afroamericana no siempre estuvo unida. Booker T. Washington era el hijo de un hombre blanco y una esclava. Pensaba que los afroamericanos deberían sacar el mayor provecho posible de sus vidas. Sentía que los afroamericanos podían avanzar si trabajaban duro y se educaban. Su escuela, Tuskegee Institute, enseñaba a afroamericanos artes y oficios para que pudieran conseguir mejores trabajos.

A W. E. B. Du Bois no le gustaba la idea de Washington de esperar a que terminara la doctrina de "separados pero iguales". Quería que *todo* fuera igual para los afroamericanos de inmediato. Esto condujo a la formación de la NAACP.

El padre que era activista

El padre de King, el reverendo Martin Luther King, era ministro de una iglesia en Atlanta, Georgia. Se unió a la Asociación Nacional para el Progreso de las Personas de Color (NAACP, por sus siglas en inglés). Este grupo sentía que los afroamericanos debían ser tratados de la misma manera que las personas blancas. Un objetivo de la NAACP era eliminar las leyes Jim Crow. Por ello, los abogados del grupo acudieron a tribunales. Cuando un juez rechazó una de las leyes, los **segregacionistas** aprobaron nuevas leyes Jim Crow. Era como si la NAACP hubiera progresado muy poco.

El reverendo King era un **activista**. Dirigió una marcha para conseguir que los afroamericanos pudieran votar. Además, sostenía que Atlanta debería pagar a los maestros afroamericanos lo mismo que a los maestros blancos. El reverendo King se mantuvo firme en sus creencias. Enseñó a su hijo a hacer lo mismo.

W. E. B. Du Bois

Martin Luther King Sr. influyó bastante en su célebre hijo.

Estos estudiantes aprenden habilidades importantes en Tuskegee Institute.

King se educa en segregación

Cuando era un niño, uno de los amigos de King era un niño blanco. El padre de este niño era dueño de una tienda cercana. Durante el año escolar, King asistía a la escuela para personas *de color* y su amigo a la escuela para *blancos*. (A comienzos del siglo xx, se usaba la expresión *de color* en lugar de *negro* o *afroamericano*). Las escuelas para niños blancos tenían mejores **instalaciones**. En muchas de las escuelas para niños afroamericanos, había pocos escritorios y libros. Un día, a King se le dijo que ya no podían ser amigos con este niño blanco. Esto lo molestó mucho. La segregación no tenía sentido para él.

King asistió a una escuela muy parecida a esta cuando era un niño.

Thurgood Marshall

Los afroamericanos de todo el país celebraron *Brown contra Board of Education*.

Un importante abogado

Thurgood Marshall fue un abogado afroamericano. Trabajaba para la NAACP.

En el caso *Brown contra Board of Education*, Marshall argumentó que separados nunca podrían ser iguales. Dijo que tener escuelas separadas enviaba el mensaje de que los afroamericanos no eran tan buenos como los blancos. Esta política evitaba que los afroamericanos aprendieran. La Corte Suprema estuvo de acuerdo y estipuló que la segregación en las escuelas era **ilegal**. Fue una enorme victoria.

En 1967, el presidente Lyndon Johnson designó a Marshall para la Corte Suprema. Marshall fue el primer afroamericano en servir en este cargo.

En 1954, cambió una importante ley de segregación. Una niña de siete años de edad de nombre Linda Brown vivía cerca de una escuela solo para blancos. Debido a que era afroamericana, tenía que ir a la escuela para personas de color al otro lado de la ciudad. Su padre demandó al sistema escolar y ganó. Este famoso caso se llamó *Brown contra Board of Education of Topeka, Kansas.* A partir de entonces, la ley establecía que en las escuelas se debía **abolir la segregación**. Separados no eran iguales. Muchos estados se rehusaron a hacer cumplir esta ley.

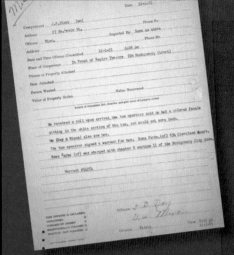

Informe del arresto
de Rosa Parks

Decir "no"

En 1955, una mujer afroamericana de nombre Rosa Parks tomó una decisión. Decidió no dar su asiento cuando el autobús en el que estaba se llenó. El conductor le dijo que moviera hacia la parte trasera del autobús, pero ella se quedó sentada allí en silencio. Él no sabía que Parks era una activista de la NAACP. El conductor del autobús llamó a la policía e hizo que la arrestaran.

Esta no era la primera vez que un afroamericano se negaba a dar su asiento en un autobús. Pero esta vez fue diferente. Los afroamericanos de Montgomery se unieron. Este tipo de protesta pacífica era nueva.

Segregación en el transporte

Los autobuses en el Sur tenían carteles que decían que los afroamericanos solo podían viajar en la parte de atrás. Cuando estaba en la secundaria, King viajó a una ciudad a 90 millas (145 km) para dar un discurso. Habló sobre los afroamericanos y la Constitución. Mientras viajaba a casa, tuvo que dar su asiento en el autobús a una persona blanca.

Generalmente, eran los abogados quienes luchaban en contra de la segregación. Pero para que se produjera el cambio verdadero, todos debían defenderse contra de las leyes injustas. Los afroamericanos necesitaban unirse como comunidad. De esta manera, podían generar cambios.

King era solo un joven predicador en Montgomery en 1955. El 1.º de diciembre, Rosa Parks se negó a dar su asiento en un autobús. Una activista de derechos civiles, Jo Ann Robinson, ayudó a iniciar un **boicot** contra los autobuses. King y otros líderes se reunieron en la iglesia de King. Decidieron que el boicot duraría más de un día. King dijo: "No tenemos otra alternativa más que protestar". Alentó a las personas para que no usaran los autobuses. Esto enojó a las

autoridades de la ciudad y declararon ilegal el boicot. Enviaron a
King a prisión y le impusieron una multa de $500 por violar esta
nueva ley. Los **medios de comunicación** imprimieron historias en
los periódicos y mostraron a King en televisión. Los abogados de
la NAACP defendieron el caso en tribunales. Al mismo tiempo, los
afroamericanos de Montgomery marcaron la diferencia en las calles.
Finalmente, la Corte Suprema estipuló que la segregación en los
autobuses era contra la ley.

A Rosa Parks se le toman las huellas dactilares después del arresto.

Sentados para lograr el objetivo

El 1.º de febrero de 1960, cuatro estudiantes universitarios afroamericanos ingresaron a un gran almacén Woolworth. Compraron artículos escolares y luego, se sentaron en una cafetería para comer. Sin embargo, en ese tiempo los afroamericanos no podían comer en cafeterías que eran solo para blancos. Los jóvenes se sentaron hasta que la tienda cerró sin que les sirvieran ninguna comida. Al día siguiente, más estudiantes afroamericanos volvieron a la tienda y se sentaron en la cafetería. Nuevamente, no les sirvieron nada. Este tipo de protesta se llamó "sentada". Los medios de comunicación pronto se enteraron acerca de esta historia y la siguieron. Tomó seis meses, pero la sentada funcionó. En esta cafetería, se abolió la segregación.

Este es el segundo día de la sentada de Woolworth que ocurrió en Greensboro, Carolina del Norte.

King es arrestado después de una sentada. Fue arrestado 30 veces durante el movimiento por los derechos civiles.

A King le agradó que estos estudiantes protestaran de una manera pacífica. A algunos seguidores de King les preocupaba que estos jóvenes activistas enojaran a las personas blancas. Esto dejó a King en una posición complicada. Sentía que debía reducir la brecha entre la **generación** mayor y la más joven.

Finalmente, King sentía que los jóvenes tenían razón. Más adelante ese año, King participó en una sentada en el mismo tipo de cafetería en su ciudad. La policía arrestó a King y a otros. Los acusaron de **entrada ilegal**. Sentadas como estas condujeron a la abolición de la segregación en las cafeterías.

El líder de CORE

James Farmer fue el líder del Congreso de Igualdad Racial (CORE). Su grupo propuso una manera de poner a prueba los viajes interestatales segregados. Organizaron los Viajeros de la Libertad. Era un grupo de afroamericanos y personas blancas. Viajaban juntos en autobuses, trenes y aviones por las fronteras estatales. Esperaban en las mismas salas de espera y se sentaban juntos. Algunos estados del Sur se rehusaban a seguir las leyes que abolían la segregación.

Farmer creía que los Viajeros de la Libertad podían crear una crisis. Entonces, el gobierno tendría que intervenir. Él tenía razón. Multitudes enfurecidas en Alabama atacaron a estos grupos. Las multitudes cortaron los neumáticos de los autobuses, golpearon a los pasajeros e incendiaron algunos autobuses. Esto llamó la atención del gobierno. La abolición de la segregación racial en los autobuses, trenes y aviones finalmente se hizo cumplir.

Presidente de los derechos civiles

Fueron los Viajeros de la Libertad quienes introdujeron al presidente John F. Kennedy al movimiento de los derechos civiles. Periódicos de todo el mundo mostraban imágenes de autobuses quemados. Kennedy decidió hacer algo por los derechos civiles.

Kennedy comenzó a hacer cumplir las leyes que abolían la segregación. En ocasiones, Kennedy llamaba a los gobernadores de los estados del Sur y los presionaba para que controlaran la violencia. Otras veces, enviaba tropas para proteger a los trabajadores de derechos civiles.

Fueron los sucesos de Birmingham, Alabama, los que hicieron que Kennedy se diera cuenta de que la nación necesitaba un proyecto de ley sobre derechos civiles. En junio de 1963, Kennedy propuso un proyecto de ley que hacía ilegal la práctica de la segregación. Esto incluía cafeterías, lugares de trabajo y baños. Los planes de Kennedy dieron esperanzas a muchos afroamericanos de que las cosas cambiarían para siempre. Pero este proyecto de ley enojó a algunos sureños, ya que todavía se negaban a obedecer estas leyes.

La batalla por Birmingham

Birmingham era una ciudad segregada de Alabama. King sabía que tenía que ir allí. Planeó protestar en grandes almacenes. Las tiendas querían que los afroamericanos compraran allí. Pero los afroamericanos no tenían permitido usar los baños de las tiendas. Y tampoco podían comer en las cafeterías.

King se presentó con ropa vieja. Quería demostrar que prefería usar ropa de trabajo vieja que comprar ropa bonita en estas tiendas. Llamó al plan Proyecto C. La letra C significaba **confrontación**. Esperaba lograr que los dueños de las tiendas reaccionaran de mala manera a su protesta pacífica. Luego, los medios de comunicación lo divulgarían. Esto llamaría la atención acerca de lo que estaba ocurriendo.

Muchos afroamericanos en Birmingham no querían involucrarse. Algunos eran **ciudadanos** de clase media. No querían abandonar lo que habían logrado con tanto esfuerzo. Otros sabían que perderían sus trabajos si se unían a la protesta. King terminó arrestado. ¡Eso atrajo la atención de los medios de comunicación!

La policía a veces usaba mangueras contra incendios para rociar a los manifestantes.

King es arrestado en Birmingham por adoptar una postura firme en contra de la segregación.

Mientras estuvo en prisión, King escribió una carta muy famosa conocida como la *Carta desde una prisión de Birmingham*.

Una carta desde la prisión

El tiempo que King estuvo en una prisión de Birmingham fue duro. Al principio, la policía puso a King solo en una estrecha celda que no tenía colchón. Él sabía que sus seguidores se habían quedado sin dinero para pagar la fianza. Para colmo, ocho ministros blancos de la ciudad escribieron una declaración para el periódico local. En ella, pedían a los afroamericanos que terminaran con las protestas.

King sintió que debía responder a esta declaración. No tenía nada con qué escribir en la prisión. Entonces, durante dos días, su abogado le **pasó de contrabando** un bolígrafo y papel. En esta carta de respuesta, King explicaba por qué tenían que protestar los afroamericanos. Decía que la única manera de estimular el cambio era atrayendo la atención. La protesta logra eso. Solo entonces, las personas verán que el cambio es necesario.

Su arresto atrajo la atención que King quería. Más de 1,000 niños y jóvenes se reunieron en una iglesia. Mantuvieron un encuentro pacífico. Desafortunadamente, la policía trajo perros para atacarlos y mangueras contra incendios para rociarlos. Los medios de comunicación grabaron y la nación vio horrorizada estos terribles sucesos. Mediante acciones pacíficas, King atrajo la atención de la nación sobre los problemas de los derechos civiles.

Medgar Evers: héroe

Medgar Evers pasó su corta vida trabajando para lograr una sociedad pacífica e **integrada**. Cuando era joven, Evers quiso registrarse para votar. Fue rechazado. Cuando quiso ingresar a la escuela de leyes, fue rechazado porque era afroamericano.

Evers trabajó para la NAACP en Misisipi. Investigaba crímenes contra personas afroamericanas. Un famoso caso fue el asesinato de un adolescente afroamericano de nombre Emmitt Till. Evers trabajó para descubrir quién había matado a Till. Arriesgó su vida para ayudar a que los testigos, quienes identificaron a los asesinos blancos, huyeran de Misisipi por su seguridad.

El 12 de junio de 1963, un hombre blanco disparó a Evers por la espalda y le ocasionó la muerte. La muerte de Evers inspiró a muchos afroamericanos a trabajar por la integración. Más de 3,000 personas asistieron a su funeral. Pasaron más de 30 años antes de que el asesino de Evers fuera llevado ante la justicia.

Roy Wilkins y Medgar Evers son arrestados mientras hacen una manifestación pacífica. Estos dos hombres eran líderes de la NAACP.

Marcha sobre Washington

A. Philip Randolph era editor de una revista de Harlem. Consideraba que las personas eran poderosas. Si se logra que una gran cantidad de personas proteste, se producirá el cambio. La marcha de 1963 en Washington D. C. fue su idea.

Planeó su primera marcha en 1941 para protestar en contra de la discriminación racial. Algunas compañías recibían dinero del gobierno, pero no eran justas con los trabajadores afroamericanos. El presidente Franklin Roosevelt acordó crear un comité que prohibiera la discriminación racial en el lugar de trabajo. A cambio, Randolph aceptó cancelar la marcha.

La nación necesitaba ver que afroamericanos y blancos podían estar juntos en paz. Por ello, los líderes afroamericanos planearon una marcha. Marcharon por la libertad y por trabajos. En 1963, en el calor del verano, 250,000 personas se reunieron en Washington D. C.

Eligieron a King para que diera el discurso final ese día de agosto. King tenía preparado un discurso, pero las palabras estaban llenas de amargura. Se sentía frustrado por tener que esperar por los derechos civiles. A medida que hablaba, notaba que la multitud se enardecía y se entusiasmaba. Dejó de lado el discurso que había preparado y habló desde su corazón sobre sus propios sueños. Sus palabras fueron muy poderosas y emotivas.

Fue oportuno que dijera estas palabras en frente de la estatua de Abraham Lincoln. Cien años antes, Lincoln había liberado a los esclavos en el Sur. Este día fue un momento significativo en la historia de Estados Unidos. Esta marcha cambió lo que la nación sentía sobre los derechos civiles. Aún es recordada en la actualidad.

Estos líderes de los derechos civiles promueven la marcha en Washington D. C.

Más de 250,000 personas asistieron a la Marcha sobre Washington el 28 de agosto de 1963.

¡Queremos votar!

En el verano de 1964, hubo bombardeos, incendios y golpizas. Los segregacionistas hicieron esto a causa de un evento llamado el Verano de la Libertad. Jóvenes del Norte llegaron a Misisipi. Esperaban registrar a votantes afroamericanos. En 1964, las leyes Jim Crow obligaban a los afroamericanos a pasar pruebas complicadas para poder votar. Las preguntas de estas pruebas no eran justas. Estos trabajadores de verano establecieron escuelas. En estas escuelas, los afroamericanos adquirían importantes habilidades de **alfabetización**. Esto los ayudaba a pasar las injustas pruebas para votar. Si estos afroamericanos podían votar, entonces podían cambiar las políticas en sus estados y ciudades.

King dirige a los manifestantes hacia Misisipi para ayudar a que los afroamericanos se registren para votar.

Los manifestantes por la libertad ayudan a que este hombre se registre para votar.

Estudiante y manifestante

James Meredith se convirtió en el primer estudiante afroamericano en ingresar a la Universidad de Misisipi en 1962. Al principio, el gobernador de Misisipi intentó impedir que Meredith ingresara al campus. El gobierno federal tuvo que enviar tropas para proteger a Meredith. La multitud de blancos se tornó violenta y comenzaron los disparos. El campus se convirtió en un campo de batalla y el presidente Kennedy envió 16,000 soldados más para mantener la paz. Meredith permaneció como estudiante, pero sus años allí fueron difíciles.

Años más tarde, Meredith decidió marchar contra el miedo. Lo hizo para atraer la atención hacia los derechos de los afroamericanos. Planeó marchar desde Tennessee hasta Misisipi. El segundo día de su marcha, un hombre blanco le disparó y lo hirió. Esta tragedia atrajo la atención de King y otros líderes. Fueron rápidamente al hospital y prometieron finalizar su marcha.

A pesar de que la ley de derechos civiles de 1964 dio a los afroamericanos el derecho al voto, algunas ciudades aún se aferraban a las leyes Jim Crow. Este fue el caso de Selma, Alabama. Allí vivían 15,000 afroamericanos, pero menos de 350 de ellos se habían registrado para votar. King planeó una campaña allí con la esperanza de forzar a que la ciudad obedeciera la ley.

La policía golpeaba a los manifestantes y los pinchaban con bastones eléctricos. Con cada marcha, las prisiones se llenaban de afroamericanos. Para este momento, King ya había obtenido el **Premio Nobel de la Paz**. Cada vez que iba a prisión, atraía la atención de los medios de comunicación.

El presidente de los derechos civiles

El presidente Kennedy fue **asesinado** en 1963. El vicepresidente Johnson tomó el mando como presidente. Johnson comprendía la necesidad de que los afroamericanos tuvieran los mismos derechos. Johnson firmó para aprobar la ley de derechos civiles de 1964. Esta ley prohibía la segregación en algunos lugares públicos. Sin embargo, la ley no protegía a los afroamericanos de la violencia ni garantizaba su derecho al voto.

Durante la campaña de 1964, Johnson mostró preferencia por algunos seguidores blancos sureños. Muchos afroamericanos se sintieron **traicionados**. Pero Johnson debía tener cuidado de no ofender a votantes que podrían darle la candidatura. Después de su elección, Johnson buscó a King para que lo ayudara. Fue a la televisión y dijo: "Está mal, completamente mal, negar a cualquiera de sus compatriotas el derecho al voto en este país". Ayudó a conseguir que se aprobara la ley del derecho al voto de 1965.

El presidente Johnson firmó para aprobar la ley de derechos civiles en 1964.

De Selma a Montgomery

En febrero de 1965, un oficial de la policía asesinó a un hombre afroamericano. El joven estaba tratando de proteger a su familia de que los golpearan. King y otros decidieron realizar una marcha por los derechos civiles para protestar por esta violencia. Muchas personas fueron a Selma, Alabama, para unirse a la marcha. Los manifestantes planeaban caminar desde Selma hasta el edificio del capitolio estatal de Alabama en Montgomery.

Cuando se acercaron a un puente en Selma, la policía atacó a los manifestantes. La policía usó porras y látigos. Hoy, ese horrible día se conoce como Domingo Sangriento. Afortunadamente, las cámaras de los medios de comunicación captaron estas imágenes de violencia. Cuando el público las vio, las personas se indignaron y planearon marchas en sus propias ciudades. El presidente Lyndon B. Johnson prometió aprobar un proyecto de ley más estricto por el derecho al voto. Esta nueva ley prohibía las pruebas y restricciones para votar. Ahora, los afroamericanos finalmente podían votar. Tenían más control sobre quién permanecería en el poder.

Una joven mujer afroamericana orgullosa emite su voto.

King se enfrenta con algunos

A algunos afroamericanos no les agradaban las tácticas de King. Uno de ellos era un hombre llamado Malcolm X. Él sentía que la idea de King de no violencia dejaba a los afroamericanos **vulnerables**. Quería que los afroamericanos se mantuvieran firmes y se defendieran. A diferencia de King, Malcolm X quería que las razas permanecieran separadas. Las personas que esperaban con impaciencia el cambio apoyaron a Malcolm X. Su sólida postura dio esperanza y orgullo a muchos afroamericanos.

Otros afroamericanos también estaban en contra de las tácticas de King. Un grupo se llamó el Partido Pantera Negra de Autodefensa. Cargaban armas para protegerse. King trató de convencer a otros de que la **supremacía** afroamericana era tan inadecuada como la supremacía blanca. Sentía que la violencia no era la respuesta a este problema.

Martin Luther King Jr. y Malcolm X se reúnen después de una conferencia de prensa.

Marcus Garvey

Esperanzas para África

Marcus Garvey fue un líder afroamericano. Dirigió un gran movimiento **nacionalista negro** en la década de 1920. Su mensaje fue de orgullo. Quería ver a los afroamericanos volver a África.

La Nación del Islam

Malcolm X seguía las enseñanzas de la Nación del Islam. Era un grupo afroamericano en Estados Unidos. Elijah Muhammad era su líder. Enseñaba que las personas blancas eran malvadas. Predicaba que los afroamericanos debían formar una nación separada. Malcolm X era un poderoso orador. Viajó alrededor del mundo hablando en defensa de la Nación del Islam. En marzo de 1964, Malcolm X abandonó la Nación del Islam. Ya no creía en lo que predicaba Muhammad. Luego, fue herido de muerte por los miembros de la Nación del Islam.

En ese entonces, Estados Unidos entró en el conflicto de Vietnam. El presidente Johnson cambió su foco de los derechos civiles a la guerra. King estaba molesto con Johnson porque había gastado miles de millones de dólares en la guerra. Creía que era más importante ayudar a los afroamericanos pobres de las calles de Estados Unidos. Cuando King habló en contra de la guerra, Johnson lo tomó de manera personal.

Panteras Negras

El Partido Pantera Negra de Autodefensa fue un grupo que atrajo la atención de los medios de comunicación. Sus integrantes se vestían con chaquetas de cuero negro, usaban **boinas** en sus cabezas y cargaban armas. Creían que para probar su punto de vista debían hacer que los blancos les temieran. Esta postura no le agradaba a King. Él enseñaba a otros que el "poder negro" era solo otra forma de racismo.

Revueltas de Watts

La pobreza era un problema grave en muchas ciudades. Los Ángeles era una de ellas. Las leyes de California hacían aún más difícil encontrar un lugar donde vivir o un trabajo. En 1965, un oficial de policía blanco detuvo a un lado del camino a dos afroamericanos. Mientras el oficial les hacía preguntas a estos hombres, se congregó una multitud. Se desató una lucha y se sumaron más oficiales de policía.

Esto desencadenó una revuelta en la comunidad afroamericana. Los afroamericanos que se sentían frustrados salieron a las calles y destruyeron negocios. Para obtener los mismos derechos, sentían que tenían que exigirlos. Después de seis días de revueltas, la violencia finalizó.

El Partido Pantera Negra (que se muestra arriba) comenzó en California en 1966.

Treinta y cinco personas fueron asesinadas y miles fueron heridas en las revueltas de Los Ángeles.

Campaña de los pobres

El enfoque de no violencia de King libró al Sur de las leyes Jim Crow. Pero no resolvió todos los problemas que enfrentaban los afroamericanos. King veía que la pobreza era un gran problema. Los afroamericanos creían que las personas blancas pobres vivían mejor que ellos. Era más fácil para las personas blancas encontrar buenos vecindarios. Tenían calles limpias y niveles de delincuencia muy bajos. Además, podían conseguir trabajos.

King fue a Chicago a protestar, pero se sorprendió de lo que encontró. Ambos, el alcalde blanco y los afroamericanos que vivían allí, se oponían a las ideas de King. El alcalde dijo que ya estaba trabajando para reducir la pobreza. King sabía que el plan del alcalde no estaba funcionando. También sabía que no podría acercarse a los pobres a menos que viviera entre ellos. Así que en 1966, King se mudó a los suburbios de Chicago para demostrar que tenía razón. Esperaba convencer a las personas de que defendieran sus derechos mediante la no violencia. De todos modos, muchas personas se negaron a escuchar a King.

King organizó el movimiento libertador de Chicago para trabajar por mejores puestos y salarios más altos. Este grupo quería ayudar a los pobres de la ciudad con medios no violentos.

Marchas como esta ayudaron a atraer la atención hacia los problemas en las ciudades estadounidenses.

El destino de un hombre no violento

En 1968, King viajó a Memphis para ayudar a que los trabajadores consiguieran mejores sueldos. Mientras marchaban, algunos manifestantes se tornaron violentos. Rompieron ventanas de tiendas y causaron otros daños. King y otros líderes tuvieron que abandonar Memphis rápidamente. A King se le culpó por la violencia. Decidió volver a Memphis e intentarlo nuevamente. Pero esta vez, sería una marcha pacífica.

El 4 de abril de 1968, King estaba en su hotel en Memphis. Mientras se preparaba para salir a cenar con otros líderes de derechos civiles, un hombre blanco lo asesinó. Las noticias de la muerte de King sacudieron a la nación. Hubo revueltas en muchas ciudades de Estados Unidos. King pasó la vida luchando contra la violencia. Y esto finalmente lo condujo a la muerte.

Solo días después de la muerte de King, Johnson firmó otro proyecto de ley por los derechos civiles. Este proyecto de ley hizo que fuera ilegal **discriminar** al vender o alquilar casas. El trabajo de King inspiró a que otras naciones también buscaran tener leyes de derechos civiles. En 1990, finalmente se puso fin a la segregación en Sudáfrica. King soñó con un tiempo en que sus hijos "no serían juzgados por el color de la piel, sino por el valor de su carácter". King no llegó a ver que este sueño se cumpliera cabalmente. Pero su sueño de no violencia ha permanecido hasta la actualidad.

Más de 50,000 personas acompañaron el ataúd de King. Fue un funeral muy pacífico.

Libre por fin

Estas palabras fueron grabadas en la tumba de King en Atlanta, Georgia. "Libre al fin. Libre al fin. Gracias a Dios Todopoderoso. Soy libre al fin".

Otra defensora de los derechos civiles

Coretta Scott King también fue una defensora de los derechos civiles. Quería marchar junto a su esposo para mostrar que a ella también le importaban los derechos civiles. Pero las personas pensaron que era demasiado peligroso. Puesto que King pasaba la mayor parte del tiempo lejos, la Sra. King se dedicó a educar a sus hijos.

Después de su muerte, marchó en Memphis donde él había sido asesinado. Dedicó su vida a enseñar a otros las ideas de la no violencia de King. Dondequiera que iba, era un signo de esperanza y un recuerdo del significado del movimiento por los derechos civiles. Continuó trabajando por los derechos civiles hasta su muerte en 2006.

Glosario

abolir la segregación: no continuar segregando por raza

activista: alguien que protesta y lucha por algo en lo que cree

alfabetización: relacionado con la lectura y la escritura

asesinado: que muere por un ataque sorpresa; por lo general una persona destacada por razones políticas

boicot: no comprar ni tener relaciones comerciales con alguien

boinas: gorras pequeñas y planas

ciudadanos: personas que tienen el derecho de vivir en un país por haber nacido allí o que han recibido los documentos legales necesarios para vivir en un país

confrontación: encuentro en persona entre las personas que están en desacuerdo

discriminar: tratar injustamente por motivos raciales

entrada ilegal: caminar en propiedad privada sin autorización

generación: un grupo de personas nacidas en la misma época

ilegal: en contra de la ley

instalaciones: edificios o lugares donde se reúnen las personas

integrada: abierta a todos sin importar de qué raza son

legales: basados en leyes o reglas

medios de comunicación: periódicos, radio y televisión

nacionalista negro: una persona que cree que los afroamericanos deben establecer sus propios sistemas sociales, políticos y económicos separados de las personas blancas

pasó de contrabando: se introdujo sin que se viera; se ocultó de las autoridades

Premio Nobel de la Paz: premios internacionales que se entregan todos los años; King recibió el premio en 1964.

segregación: separación forzada de grupos basada en la raza

segregacionistas: aquellos que querían mantener los grupos separados debido a la raza

supremacía: mejor que; ser superior

traicionados: que se haya roto un acuerdo con alguien

vulnerables: expuestos al ataque

Índice analítico

Créditos de imágenes